LE LIVRE
DES ENFANS,

OU

MÉTHODE AISÉE

POUR

APPRENDRE A LIRE EN FRANÇAIS.

A VANNES,

Chez N. DE LAMARZELLE, Impr.-
Lib^{re}, place des Lices.

1848.

Le Livre des Enfans.

Lettres courantes Romaines.

a b c d e f g h
i j k l m n o p q r
s t u v x y z.

Lettres capitales Romaines.

A B C D E F G
H I J K L M N
O P Q R S T U
V X Y Z.

Le Livre

Lettres courantes Italiques.

✠ *a b c d e f g
h i j k l m n o p
q r s t u v x y z.*

Lettres capitales Italiques.

*A B C D E F G
H I J K L M N
O P Q R S T U
V X Y Z.*

des Enfans.

Lettres accentuées.

à â é è ê ë î ï ô ù û ü

à â é è ê ë î ï ô ù û ü

fi ffi fl ffl w æ œ

fi ffi fl ffl w æ œ

W Æ OE.

Syllabes de deux Lettres.

Ba be bé bê bi bo bu.
Ca ce cé cê ci co cu.
Da de dé dê di do du.
Fa fe fé fê fi fo fu.
Ga ge gé gê gi go gu.
Ha he hé hê hi ho hu.
Ja je jé jê ji jo ju.
La le lé lê li lo lu.
Ma me mé mê mi mo mu.
Na ne né nê ni no nu.

des Enfans.

pa pe pé pê pi po pu.
ra re ré rê ri ro ru.
sa se sé sê si so su.
ta te té tê ti to tu.
va ve vé vê vi vo vu.
xa xe xé xê xi xo xu.
za ze zé zê zi zo zu.

Syllabes de trois Lettres.

Bla ble blé blê bli blo blu.
Bra bre bré brê bri bro bru.
Cha che ché chê chi cho chu.

Cla cle clé clè cli clo clu
Cra cre cré crê cri cro cru
Dra dre dré drê dri dro dru
Fla fle flé flê fli flo flu
Gla gle glé glê gli glo glu
Gna gne gné gnê gni gno gnu.
Gra gre gré grê gri gro gru
Gua gue gué guê gui guo guu.
Pha phe phé phê phi pho phu.
Pla ple plé plê pli plo plu.
Pra pre pré prê pri pro pru.
Qua que qué quê qui quo quu.
Spa spe spé spê spi spo spu.

sta ste sté stê sti sto stu.
tla tle tlé tlê tli tlo tlu.
tra tre tré trê tri tro tru.
vla vle vlé vlê vli vlo vlu.
vra vre vré vrê vri vro vru.

Mots de deux syllabes.

Ba le, bê te, bi se, bu te
Ca ve, cè ne, ci re, cô ne, cu ve
Da me, de mi, dî me, dô me du pe
Fa ce, fê lé, fi le, fo ré, fu té,
Ga ge, gê ne, gî te, go be, gué ri

Hâ le, hê re, hi re, hô te, hu r
Ja va, Jé sus,   jo li, ju g
La ve, lè ve, li me, lo ge, lu n
Mâ le, mè re, mi ne, mo de, mu l
Na pe,   Ni ce, no ce, nu l
Pa pe, pè re, pi pe, pô le, pu ce
Qua si, quê te, Qui to,   quo te
Ra ve, rê ve, ri me, Ro me, ru se
Sa le, sè ve, si re, so le, su ze
Ta xe, tê te, ti ge, to me, tu be
Va se, ve lu, vi ce, vo lé, vue.

Autres mots de deux syllabes, dont la première est composée de deux lettres.

Balai, Benêt, bénir, bête, bidon, bocal, butor.
Canon, cela, céder, cène, ciron, cocon, curé.
Damer, dedans, démon, divin, dodu, ducat.
Fanal, félon, férie, fête, filou, folie, fusil.
Galon, genou, gérer, gêne, gilet, gober.
Habit, héron, hêtre, hiver, homard, humain.

Jalon, jeter, joli, jurer.

Lacet, levain, légal, lèpre limer, loquet, lutin.

Marin, menu métal, même midi, moral, mulet.

Nabot, neveu, nèfle, niche notre, nuque,

Patin, petit, pédant, pêche piton, poli, punir.

Rabot, rebut, récit, règle rival, rolet, ruban.

Savon, semis, serin, sèche sirop, sole, sucre.

Tabac, tenir, témoin têtard timon, tuteur.

Valet, velu, vélin, vêtu, vilain, voleur.

Syllabes de quatre et cinq Lettres.

Bails, beils, beins, bons, burs.
Cais, cens, cins, cors, curs.
Chra, chre, chri, chro, chru.
Dais, dens, dins, dons, duns.
Fant, fers, fens, fort, furt.
Gard, gers, gins, gons, guet.
Hail, heis, hins, hours, hues.
J'ai, j'eus, j'ins, j'obs, just.
Lain, lens, lins, lons, lues.

Mais, mens, mins, mons, murs.
Nain, ners, nirs, nois, nues.
Pais, pens, pins, pons, purs.
Quais, ques, quin, qu'on, qu'un.
Rais, reil, reins, rons, ruts.
Sain, sens, sins, sons, stru.
Vair, vens, vins, vons, vues.

Mots de trois syllabes.

A bat tre.
ba lan cer.
châ ti er.
dé li vrer.
ef fa cer.

fri cas ser.
gour man der.
ha bi ter.
jar di ner.
la bou rer.

mas sa crer.
net toy er.
or don ner.
par cou rir.
que rel ler.

ré pon dre.
sou met tre.
té moi gner.
ven dan ger.
zé la teur.

Mots de quatre Syllabes.

Ac cou tu mer.
bal bu ti er.
ca ra co ler.
dé mé na ger.
é cha fau der.
fan fa ron ner.
ges ti cu ler.
her bo ri ser.

jus ti fi er,
lé gi ti mer.
mor ti fi er.
né go ci er.
or ga ni ser.
phi lo so pher.
ques ti on ner.
re com men cer.

sa cri fi er. | ver ba li ser.
tran quil li ser. | zé do ai re.

PIÈCE DE LECTURE.

COMPOSÉE DE MONOSYLLABES.

Dieu a fait le Ciel et tout ce qu'on voit sous les cieux, tout ce qui est dans les eaux, et en tout lieu. Il a fait le jour et la nuit.

Dieu voit tout. Il voit le bien et le mal qu'on fait. Il voit tout ce qui est dans nos cœurs. Dieu fait tout ce qui lui plaît. Il a fait tout ce qui est dans les airs. Il tient tous les biens dans sa main.

Dieu est le Roi des Rois, le Saint des Saints, le Dieu des Dieux. Nos vœux et nos cœurs sont ce qui lui plaît le mieux. Quand on a la foi, on croit tout ce qu'il a fait pour nous.

EXEMPLES

Qui font voir que la Syllabe ent *a le même son que l'e muet à la fin des mots auxquels on peut joindre* ils *ou* elles : *mais qu'elle se prononce à la fin de tous les autres mots.*

Les hom-mes s'aiment
 ra-re-ment
Les oi-seaux cou-vent
 sou-vent
Les en-fans ai-ment
 le mou-ve-ment
Les pa-res-seux s'a-ni-ment
 dif-fi-ci-le-ment

Les bra-ves gens s'es-ti-ment
mu-tu-el-le-ment
Les da-mes s'expriment
dé-li-ca-te-ment
Les chi-mè-res se for-ment
ai-sé-ment
Les bons livres s'im-pri-ment
soi-gneu-se-ment
Les enfans s'ac-cou-tu-ment
fa-ci-le-ment
Les pol-trons s'a-lar-ment
ai-sé-ment
Les fous se ren-fer-ment
é-troi-te-ment

Les dé-fauts se ré-for-ment
ra-re-ment
Les a-va-res s'en-dor-ment
dif-fi-ci-le-ment
Les vieil-lards s'en-rhu-ment
prom-pte-ment

L'Oraison Dominicale.

No tre Pè re qui ê tes dans les Ci eux, que vo tre nom soit sanc ti fi é, que votre rè gne ar ri ve, que vo tre vo lon té soit fai te en la ter re com me au Ciel.

Don nez-nous au jour d'hui no tre pain quo ti di en, et nous par don nez nos of fen ses, com- me nous par don nons à ceux qui nous ont of fen sés, et ne nous a ban don nez point à la ten ta ti on, mais dé li vrez-nous du mal. Ain si soit-il.

La Salutation Angélique.

Je vous sa lue, Ma rie, plei- ne de grâ ce; le Sei gneur est a vec vous, vous ê tes bé nie en tre tou tes les fem mes, et Jé sus, le fruit de vo tre ven- tre est bé ni.

Sain te Ma rie, mè re de Dieu, pri ez pour nous, pau vres pé cheurs, main te nant et à l'heu re de no tre mort.

Le Symbole des Apôtres.

Je crois en Di eu, le Pè re tout-puis sant, Cré a teur du Ci el et de la ter re, et en Jésus-Christ son Fils u ni que, No tre-Sei gneur, qui a été conçu du Saint-Es prit et est né de la Vi er ge Ma rie, a souffert sous Pon ce-Pi la te, a é té cru ci fi é, est mort et a é té en se veli, est des cen du aux en fers, le troi si è me jour est res sus ci té des morts, est monté aux Ci eux, est as sis à la droi te de Di eu le Pè re tout-puis sant, d'où il vien dra ju ger les vi vans et les morts.

Je crois au Saint-Es prit, la sain te E gli se Ca tho li que, la Com mu ni on des Saints, la ré mis si on des pé chés, la ré-sur rec ti on de la chair, la vie é ter nel le. Ainsi soit-il.

Confession des péchés.

Je me con fes se à Dieu tout-puis sant, à la bien heu reu se Ma rie tou jours Vier ge, à saint Mi chel Ar chan ge, à saint Jean-Bap tis te, aux A pô tres saint Pi er re et saint Paul, à tous les Saints, et à vous, mon Pè re, de tous les péchés que j'ai com mis en pen sées, pa ro-les et ac tions; par ma fau te, par ma fau te, par ma très-gran de fau te. C'est pour quoi je sup plie la bien heu reu se Ma rie tou jours Vier ge, saint

Mi chel Ar chan ge, saint Jean-Bap tis te, les A pô tres saint Pi er re et saint Paul, tous les Saints, et vous, mon Pè re, de pri er pour moi le Sei gneur no tre Dieu.

Que le Sei gneur tout-puis-sant et tout mi sé ri cor dieux nous ac cor de le par don, l'ab-so lu tion et la ré mis si on de nos pé chés. Ain si soit-il.

Les dix Commandemens de Dieu.

1. Un seul Dieu tu adoreras
 Et aimeras parfaitement.
2. Dieu en vain tu ne jureras
 Ni autre chose pareillement.
3. Les Dimanches tu garderas
 En servant Dieu dévotement.
4. Tes Père et Mère honoreras
 Afin que tu vives longuement.
5. Homicide point ne seras
 De fait ni volontairement.
6. Luxurieux point ne seras
 De corps ni de consentement.

7. Les biens d'autrui tu ne pren-
   dras
   Ni retiendras injustement.
8. Faux témoignage ne diras
   Ni mentiras aucunement.
9. L'œuvre de chair ne désireras
   Qu'en mariage seulement.
10. Biens d'autrui ne convoiteras
    Pour les avoir injustement.

~~~~~~~~~~~~~~~~~~~~~~~~~~~~~~

Les six Commandemens de l'Eglise.

1. Les Fêtes tu sanctifieras
   Qui te sont de commande-
   ment.

2. Les Dimanches Messe entendras
   Et les Fêtes pareillement.
3. Tous tes péchés confesseras
   A tout le moins une fois l'an.
4. Ton Créateur tu recevras
   Au moins à Pâques humblement.
5. Quatre-temps, vigiles jeûneras
   Et le Carême entièrement.
6. Vendredi chair ne mangeras
   Ni le Samedi mêmement.

Acte de Foi.

Mon Dieu, je crois fermement tout ce que vous avez révélé à votre Eglise, parce que c'est vous qui l'avez dit et que vous ne pouvez me tromper.

Acte d'Espérance.

Mon Dieu, j'espère avec confiance de votre bonté infinie, par les mérites de notre Sauveur Jésus-Christ, votre cher Fils, le secours de votre grâce en ce monde, et la vie éternelle en l'autre.

Acte de Charité.

Mon Dieu, je vous aime de tout mon cœur, par-dessus toutes choses, parce que vous êtes infiniment bon, infiniment aimable ; j'aime aussi mon prochain comme moi-même, pour l'amour de vous.

Acte de Contrition.

Mon Dieu, j'ai grand regret de vous avoir offensé, parce que vous êtes infiniment bon, infiniment aimable, et que le péché vous déplaît ; je me propose fermement, moyennant votre sainte grâce, de n'y plus retomber.

Invocation à Dieu, avant le repas.

Bénissez-nous, Seigneur, et ce que vous nous donnez pour la nourriture de nos corps, et faites-nous la grâce d'en user sobrement. Au nom du Père, et du Fils, et du Saint-Esprit. Ainsi soit-il.

Prière après le repas.

Nous vous rendons grâce, ô Dieu tout-puissant, pour tous les biens que nous avons reçus de vous. Faites-nous la grâce d'en faire un bon usage. Donnez, Seigneur, la vie éternelle à ceux qui nous font du bien pour l'amour de vous ; et que, par vos miséricordes, les âmes des fidèles qui sont morts reposent en paix. Ainsi soit-il.

Prière en se couchant.

Bénissez, ô mon Dieu, le repos que je vais prendre pour réparer mes forces, afin de vous mieux servir. Vierge sainte, Mère de mon Dieu, et après lui mon unique espérance; mon bon Ange, mon saint Patron, intercédez pour moi, protégez-moi, pendant cette nuit, tout le temps de ma vie et particulièrement à l'heure de ma mort. Ainsi soit-il.

FIN.

www.ingramcontent.com/pod-product-compliance
Lightning Source LLC
Chambersburg PA
CBHW060913050426
42453CB00010B/1693